dtv _galleria_

»Von großer Liebe und Leidenschaft kann nur eines heilen: die Ehe«, schrieb Lauren Bacall. Das ist wahr. Doch es gibt vorbeugende Mittel. Hier sind sie versammelt. Täglich schützt ein frecher Spruch vor romantischen Phrasen und falschen Schwüren, vor sülzenden Bewerbern und feingeistigen Schwiegermüttern. Mit dem Zitat eines Klassikers lässt sich die eigene Position in der Partnerschaft mühelos festigen. Und die Harmonie fremder Paare lässt sich durch ein hingeworfenes Bonmot bis in die Grundfesten erschüttern. Das macht nicht nur Spaß. Es ist gesund. Es erfrischt die Leidenschaft. Es ist die pure Liebe.

Dietmar Bittrich lebt als Autor in Hamburg. Mehrere sehr erfolgreiche Veröffentlichungen, darunter die Bestseller ›Das Gummibärchen Orakel‹, ›Dann fahr doch gleich nach Haus!‹, ›Die freie Liebesgeschichte der Hansestadt Hamburg‹, ›Der tödliche Rasierspiegel – Böse Geschichten‹ und ›Böse Sprüche für jeden Tag‹. Hamburger Satirikerpreis 1999.
Bosheit täglich auf *www.dietmar-bittrich.de*.

Dietmar Bittrich

Böse Sprüche
für Sie & Ihn

Mit Illustrationen von
Thomas August Günther

Deutscher Taschenbuch Verlag

Originalausgabe
Dezember 2004
Deutscher Taschenbuch Verlag GmbH & Co. KG,
München
www.dtv.de
Das Werk ist urheberrechtlich geschützt.
Sämtliche, auch auszugsweise Verwertungen bleiben vorbehalten.
Umschlagkonzept: Balk & Brumshagen
Umschlagbild: © Thomas August Günther
Satz: Offizin Wissenbach, Höchberg bei Würzburg
Gesetzt aus der Galliard und der Gill
Druck und Bindung: Druckerei C. H. Beck, Nördlingen
Gedruckt auf säurefreiem, chlorfrei gebleichtem Papier
Printed in Germany · ISBN 3-423-20761-2

*In der Ehe finden wir heraus,
welche Art von Mensch unser
Partner eigentlich gewollt hätte.*

JANUAR

1

*Natürlich tun mir die Männer Leid.
Aber die letzten paar tausend Jahre haben
sie es doch wirklich schön gehabt!*
Jodie Foster

2

*Alles, was man über Frauen sagt, klingt
irgendwie böse.*
Mark Twain

3

Ehemänner nehmen nur Platz weg.
Margaret Rutherford

4

*Männer erwachen genauso gut aussehend,
wie sie zu Bett gegangen sind. Frauen
verfallen seltsam über Nacht.*
Georges Simenon

JANUAR

*Wo wäre die Macht der Frauen ohne die
Eitelkeit der Männer?*
Marie v. Ebner-Eschenbach

5

∾

*Es ist immer wieder bedrückend, wie
intelligent Frauen sein können.*
Gregor von Rezzori

6

∾

*Lieber mit interessanten Frauen
in die Hölle als mit dummen Männern
ins Paradies.*
Zarah Leander

7

∾

*Es soll Frauen geben, die klüger sind
als Männer. Aber davon wird die Küche
auch nicht sauber.*
Jerry Lewis

8

JANUAR

9 *Ein Mann hält sich schon für einen Frauenkenner, wenn er jeder Frau gegenüber denselben Fehler macht.*
Hillary Clinton

∾

10 *Zurückweisungen von Frauen sind Pillen, die man schlucken muss, nicht kauen.*
Tom Jones

∾

11 *Ein Mann hält sich für unwiderstehlich, wenn er nur da aufkreuzt, wo kein Widerstand zu erwarten ist.*
Julia Roberts

∾

12 *Meiner Frau ist es gleichgültig, was ich ohne sie mache, solange ich mich dabei nicht amüsiere.*
Arthur Miller

JANUAR

*Ein Mann fühlt sich bereits frei, wenn er
nicht an der Leine zieht.*
Coco Chanel

13

∞

*Ein Mann ist so gut, wie er sein muss.
Eine Frau so böse, wie sie sich traut.*
Sándor Márai

14

∞

*Optimist ist ein Ehemann so lange, wie er
nicht informiert ist.*
Verona Feldbusch

15

∞

*Häufig wird behauptet, Junggesellen
hätten keine Ahnung von Frauen. Aber
warum, bitte, sind sie dann Junggesellen?*
Charles Laughton

16

JANUAR

17 *Von der großen Leidenschaft zu einem Mann kann nur eines heilen: die Ehe.*
Lauren Bacall

∾

18 *Liebe ist blind. Die Ehe macht sehend.*
Bertrand Russell

∾

19 *Bei der Heirat gibt ein Mann Privilegien auf, von denen er zum Glück nicht wusste, dass er sie hatte.*
Sophia Loren

∾

20 *Am Horizont der Liebe erhebt sich die Sonne der Ehe. Am Horizont der Ehe sinkt die Sonne der Liebe.*
Voltaire

JANUAR

In der Ehe finden wir heraus, welche Art von Mensch unser Partner eigentlich gewollt hätte.
Tania Blixen

21

∾

Zweifele nie am guten Urteil deiner Frau. Immerhin hat sie ein Genie geheiratet.
Federico Fellini

22

∾

Die Männer sind alle verschieden, aber die Ehemänner sind alle gleich.
Shirley Bassey

23

∾

Eine Frau hat immer das letzte Wort in einem Streit. Wenn ein Mann dann noch etwas sagt, ist das der Beginn eines neuen Streits.
Jean-Paul Belmondo

24

JANUAR

25 *Frauen sind grenzenlos kompromissbereit, solange der Mann nachgibt.*
Ephraim Kishon

26 *Man sollte niemals böse aufeinander ins Bett gehen. Es macht viel mehr Spaß, aufzubleiben und zu streiten.*
Whoopie Goldberg

27 *Selbst wenn eine Frau nicht redet, macht sie doch Geräusche.*
Charles Bukowski

28 *Warum soll ich heiraten und einen Mann unglücklich machen? Wenn ich Single bleiben und tausend unglücklich machen kann?*
Sarah Jessica Parker

JANUAR

Es hat keinen Zweck, sich mit Männern zu streiten. Sie haben ja doch immer Unrecht.
Kate Winslet

29

∾

*Bigamie ist eine Frau zu viel.
Monogamie ist dasselbe.*
Oscar Wilde

30

∾

Frauen werden Männern niemals ebenbürtig sein, solange sie nicht mit Glatze und Bierbauch die Straße runterlaufen können und immer noch denken, sie seien schön.
Nina Hagen

31

*Die einzig glücklichen Menschen
sind verheiratete Frauen
und alleinstehende Männer.*

FEBRUAR

1
Die Ehe ist eine Entdeckungsreise, von der nur wenige heil zurückkehren.
Sören Kierkegaard

ಏ

2
*So nimm denn meine Hände,
ich führe dich an dein Ende.*
Altfränkisches Ehegelöbnis

ಏ

3
Die schwerste Aufgabe der Frau besteht darin, dem Mann ihrer Wahl klarzumachen, dass er ernste Absichten hat.
Carl Zuckmayer

ಏ

4
Es bleibt das höchste Glück auf Erden, von einem Mann bezahlt zu werden.
Claire Waldoff

FEBRUAR

Erst wenn man sieht, wen manche Frauen heiraten, kann man ermessen, wie sehr sie das Geldverdienen hassen.
Jeff Goldblum

5

∞

Ich habe unter meinem Niveau geheiratet. Jede Frau heiratet unter ihrem Niveau.
Elizabeth von Arnim

6

∞

Heirate ruhig. Bekommst du eine gute Frau, wirst du glücklich, bekommst du eine schlechte, wirst du Philosoph.
Sokrates

7

∞

Wenn Männer wüssten, was Frauen von der Ehe erwarten, würden sie nicht heiraten.
Edith Piaf

8

FEBRUAR

9 *Das Geheimnis einer glücklichen Ehe ... wird immer ein Geheimnis bleiben.*
Joanne K. Rowling

༽

10 *Der Frau seines Lebens begegnet man nur einmal, aber das kann schon einmal zu viel sein.*
G. K. Chesterton

༽

11 *Nichts ist beglückender, als den Menschen zu finden, den man den Rest des Lebens ärgern kann.*
Agatha Christie

༽

12 *Eine Frau macht sich Sorgen um ihre Zukunft. Bis sie heiratet. Ein Mann macht sich keine Sorgen um seine Zukunft. Bis er heiratet.*
Yves Montand

FEBRUAR

Man fragt sich, womit Ehepaare vor Erfindung des Fernsehens die Zeit verbracht haben.
Kurt Kusenberg

13

∾

Wenn eine Frau herausfinden will, wie ein Leben ohne Mann wäre, muss sie heiraten.
Naomi Campbell

14

∾

Was Gott getrennt hat, das soll der Mensch nicht zusammenfügen.
Wolfgang Körner

15

∾

*Du sollst allein nicht gehen,
nicht einen einzigen Schritt.
Wo du willst gehen und stehen,
da komm ich einfach mit.*
Julie Schrader

16

FEBRUAR

17

Nur an ihrem Nasenring kann man eine Frau richtig führen.
Aus Kamerun

18

Wer glaubt, die Ehe mache glücklich, hat einfach noch nicht den richtigen Partner getroffen.
Jane Austen

19

Männer würden Frauen gern das letzte Wort lassen, wenn sie sicher sein könnten, dass es wirklich das letzte ist.
Warren Beatty

20

Ein Mann, der den Mund hält, wenn er Unrecht hat, ist weise. Einer, der den Mund hält, wenn er Recht hat, ist verheiratet.
Pamela Anderson

FEBRUAR

21

Dass Frauen immer das letzte Wort haben, liegt daran, dass den Männern nichts mehr einfällt.
Margarete Mitscherlich

∞

22

Kein kluger Mann widerspricht seiner Frau. Er wartet, bis sie es selbst tut.
Ernst Lubitsch

∞

23

Am wichtigsten ist es für Paare, die Kunst der Kriegführung zu erlernen. Das bisschen Liebe ergibt sich schon nebenbei.
Patricia Highsmith

∞

24

Im ersten Ehejahr strebt ein Mann die Vorherrschaft an. Im zweiten kämpft er um die Gleichberechtigung. Ab dem dritten ringt er um die nackte Existenz.
George Bernard Shaw

FEBRUAR

25 *Frauen betrachten Beziehungsdiskussionen als absolutes Top-Entertainment.*
Otto Waalkes

∾

26 *Wenn Sie möchten, dass Ihr Mann Ihnen zuhört und hundertprozentig dabei ist, reden Sie im Schlaf.*
Audrey Hepburn

∾

27 *Die einzig glücklichen Menschen sind verheiratete Frauen und alleinstehende Männer.*
Henry Mencken

∾

28 *Ich bin zufrieden, wenn meine nächste Ehe die Haltbarkeit von Joghurt überdauert.*
Liz Taylor

FEBRUAR

29

Mein Ehweib hemmet nichts,
sie kennt nicht Tür noch Riegel
und dringt durch alles sich.
Sie leidet keinen Frieden,
versetzt mir täglich Prügel
und folgt mir ewiglich.
Ludwig Tieck

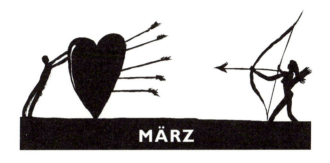

*Der Wahn ist kurz,
die Reu ist lang.*

MÄRZ

1 *Wenn zwei Menschen sich lieben,
ärgern sich die anderen.*
Annette v. Droste-Hülshoff

∾

2 *Die Welt der Frau ist die Liebe,
die Liebe des Mannes ist die Welt.*
Peter Altenberg

∾

3 *Sobald ein Mann anfängt, sich lächerlich
zu benehmen, weißt du: Er meint es ernst.*
Franziska Reventlow

∾

4 *Zum Glück halten Frauen es für
Liebe, wenn man sich für ihren Körper
interessiert.*
Roberto Rosselini

MÄRZ

*Wenn ein Mann für dich kocht und
der Salat enthält mehr als drei Zutaten,
meint er es ernst.*
Penelope Cruz

5

∞

*Wenn ein Mann um ein Weib sich müht,
weiß er noch nicht, was später blüht.*
Johann Nestroy

6

∞

*Bevor du deinen Prinz findest,
musst du viele Frösche küssen.*
Anastacia

7

∞

*Ausgerechnet in Augenblicken,
die man genießen möchte,
wollen Frauen geküsst werden.*
John Cleese

8

MÄRZ

9 *Wenn ein Mann verliebt ist,
zeigt er sich so,
wie er später nie wieder ist.*
Sarah Ferguson

∾

10 *Wenn ein Mann verliebt ist, gehören alle
Gedanken der Liebe. Später gehört alle
Liebe den Gedanken.*
Garri Kasparow

∾

11 *Zu Beginn entflammt dich ein Mann,
später reicht er dir nur noch seine Asche.*
Greta Garbo

∾

12 *Mit einer verliebten Frau
kann man alles tun, was sie will.*
Gustav Klimt

MÄRZ

*Der Kopf eines Mannes taugt nur dazu,
dass eine Frau ihn verdrehen kann.*
Angelina Jolie

13

∾

*Frauen interessieren sich vor allem für
Männer, die sich nicht für sie interessieren.*
Rock Hudson

14

∾

*Wenn Frauen unergründlich erscheinen,
liegt das meist am geringen Tiefgang der
Männer.*
Faye Dunaway

15

∾

*Der Wahn ist kurz,
die Reu ist lang.*
Friedrich Schiller

16

MÄRZ

17 *Männer sind wie Zähne: Wollen nicht kommen, bereiten Schmerzen, werden faul und fallen aus.*
Ingrid van Bergen

∾

18 *Schwer zu glauben, dass Gott für uns nichts Besseres erfinden konnte als Frauen.*
Douglas Adams

∾

19 *Männer investieren Gefühle, statt sie zu verschenken.*
Nadine Gordimer

∾

20 *So schlecht ein Mann auch über Frauen denken mag, es gibt keine Frau, die über Frauen nicht noch schlechter denkt.*
Douglas Coupland

MÄRZ

*Ein Mann mit großem Bankkonto
kann gar nicht hässlich sein.*
Shirley MacLaine

21

ಌ

*Eine Frau lieben und gleichzeitig etwas
Vernünftiges tun ist leider unmöglich.*
C. S. Forester

22

ಌ

*Die Männer von heute sind auch nicht
mehr das, was sie noch nie gewesen sind.*
Kylie Minogue

23

ಌ

*Ich vertrage mich leicht mit jeder Frau,
die mich in Ruhe lässt.*
James Thurber

24

MÄRZ

25 *Ein Mann kann mit jeder Frau glücklich werden, solange er sie nicht liebt.*
Lisa Marklund

26 *Die Liebe ist nicht da, um uns glücklich zu machen. Sie soll prüfen, wie stark wir im Leiden sind.*
Hermann Hesse

27 *Wenn sich ein Frauenherz um Männer müht, ist es vor Sommerszeit verblüht.*
Karoline von Günderode

28 *Ein Mann liebt in der Weibsnatur nur immer seine eigene Spur.*
Hermann Löns

MÄRZ

*Es bleibt das höchste Glück auf Erden,
von meinem Hund geküsst zu werden.*
Adele Sandrock

29

∾

*Der Anblick einer heraneilenden Frau
macht froh, der Anblick einer
fortgehenden Frau macht selig.*
W. C. Fields

30

∾

*Wenn ein Mann verspricht, dich
anzurufen, und er tut es nicht, hat er es
nicht vergessen. Er hat auch nicht deine
Nummer verloren. Er ist nicht gestorben.
Er will dich nur einfach nicht anrufen.*
Elizabeth George

31

*Um eine Frau zu verführen,
muss man ihr nur einreden,
dass ihr Ehemann sie nicht versteht.*

APRIL

1

*Gott gib mir Keuschheit,
aber noch nicht jetzt.*
Augustinus

∾

2

*Von Sex verstehe ich nichts.
Ich war immer verheiratet.*
Zsa Zsa Gabor

∾

3

*Kennen Sie diesen Ausdruck in den
Augen einer Frau, wenn sie Sex will?
Ich auch nicht.*
Mike Krüger

∾

4

*Mit Anstand alt werden?
Lieber unanständig jung bleiben.*
Erica Jong

APRIL

*Es kommt nicht bloß auf das Äußere einer
Frau an, auch die Dessous sind wichtig.*
Karl Kraus

5

∞

*Das beste Aphrodisiakum ist ein Mann,
der nach dem Essen das Geschirr abwäscht.*
Cher

6

∞

*Es gibt Dinge, die eine Frau bereut,
bevor sie sie tut, und die sie dennoch tut.*
Friedrich Hebbel

7

∞

*Männer, die Kluges über Frauen sagen,
sind schlechte Liebhaber.*
Catherine Deneuve

8

APRIL

9 *Die Liebste sieht zu meiner Pein,
was einstens groß war,
unerweckbar klein.*
Ferdinand Raimund

∽

10 *Von allen sexuellen Abweichungen
ist Keuschheit wohl die sonderbarste.*
Calista Flockhart

∽

11 *Viele Frauen sind auf ihren guten Ruf
bedacht, aber glücklich werden nur die
anderen.*
John Goodman

∽

12 *Es ist Unsinn, dass Männer dauernd
an Sex denken. Nur wenn sie denken,
denken sie an Sex.*
Marilyn Monroe

APRIL

*Frauen brauchen immer einen guten
Grund, um Sex zu haben. Männer
brauchen nur einen guten Platz.*
Billy Crystal

13

❧

*Ich bevorzuge junge Männer.
Sie wissen zwar nicht, was sie tun –
aber sie tun es die ganze Nacht.*
Madonna

14

❧

*Einen Mann kann man überzeugen,
eine Frau muss man überreden.*
Rudolph Valentino

15

❧

*Sex ist beim Mann ein natürlicher Trieb,
der mit der Pubertät beginnt
und mit der Ehe endet.*
Diane Keaton

16

APRIL

17

*Wenn ich nur einen Wunsch frei hätt –
komme nie wieder in mein Bett.*
Joachim Ringelnatz

∾

18

*Kein Mann kann standhaft bleiben, wenn
eine erfahrene Frau ihn flachlegen will.*
Laila Ali

∾

19

*Jeder Mann kann eine Frau dahin
bringen, wo sie ihn haben will.*
Detlev Buck

∾

20

*Mein Mann ist das wirksamste
Schlafmittel, das mir bekannt ist.*
Judy Garland

APRIL

Die Ehe ist der einzige Kampfsport, bei dem die Gegner miteinander schlafen.
David Beckham

21

∾

Ich hatte schon so lange keinen Sex mehr, dass ich vergessen habe, wer wen ans Bett fesseln muss.
Bette Davis

22

∾

Solange der Nagellack nicht trocken ist, ist eine Frau wehrlos.
O. W. Fischer

23

∾

*Ach, die alten Zeiten!
Als die Luft noch sauber war
und Sex schmutzig!*
Barbra Streisand

24

APRIL

25 *Du suchst eine gute Liebhaberin?
Frag nach der Frau,
die alle anderen Frauen hassen.*
D. H. Lawrence

26 *Weib, haderst du mit deinen Gaben,
sieh jene, die noch weniger haben.*
Friesischer Trost

27 *Um eine Frau zu verführen, muss man
ihr nur einreden, dass ihr Ehemann sie
nicht versteht.*
Casanova

28 *Nichts ist gemeiner, als eine Frau auf ihre
inneren Werte zu reduzieren.*
Barbara Schöneberger

APRIL

*Wenn eine Frau hinterher die Dumme
ist, kann man sicher sein, dass sie es schon
vorher war.*
Georg C. Lichtenberg

29

*Bei Männern, die im Bett versagen,
geht die Liebe durch den Magen.*
Trude Herr

30

Was bedeutet es, wenn du nach Hause kommst zu einem Mann, der dir Liebe, Zuwendung und Zärtlichkeit gibt? Es bedeutet, dass du dich in der Tür geirrt hast.

MAI

1
*Gäbe es keine Ehen, würden die Männer
durchs Leben gehen und denken,
sie hätten überhaupt keine Fehler.*
Queen Mum

∾

2
*Make love, not war, or do both:
get married.*
Mike Tyson

∾

3
*Kaum vermählt, siehst du schon ein,
wie schön es war, allein zu sein.*
Liesl Karlstadt

∾

4
*Man soll nur schöne Frauen heiraten.
Sonst hat man keine Aussicht,
sie wieder loszuwerden.*
Rod Stewart

MAI

Männer mit gepiercten Ohren sind ehetauglich. Sie haben bereits Schmerz erfahren und Schmuck gekauft.
Rita Rudner

5

∽

Wer heiratet, kann endlich all die Sorgen teilen, die er vorher nicht gehabt hat.
Harrison Ford

6

∽

*Heiraten heißt:
endlich alle Lasten abgeben können.*
Emily Brontë

7

∽

Frauen halten einen Junggesellen für egoistisch, weil sie sich um den Genuss von Scheidung und Unterhaltszahlungen betrogen fühlen.
Rupert Everett

8

MAI

9 *Ein Mann ist nur Herr im Haus,
wenn er die Erlaubnis seiner Frau hat,
das zu behaupten.*
Jenny Marx

∾

10 *Früher wurden am Altar
Opfer dargebracht.
Daran hat sich nichts geändert.*
Michael Heltau

∾

11 *Ein Mann, der an die Willensfreiheit
glaubt, muss dringend heiraten.*
Leni Riefenstahl

∾

12 *Wenn eine Frau nicht heiraten will,
nennt sie es Unabhängigkeit.
Wenn ein Mann nicht heiraten will,
nennt sie es Furcht vor Verantwortung.*
Johnny Depp

MAI

*Auf seiner Hochzeit wie auf seiner
Beerdigung fällt es schwer,
einem Mann zu gratulieren.*
Aus China

13

ɷ

*Mein Gatte bleibt auf dieser Welt
der Einzige, der mir missfällt.*
Friederike Kempner

14

ɷ

*Nur wer ständig interviewt werden will,
sollte heiraten.*
Burt Reynolds

15

ɷ

*Es ist besser, einem Mann Fragen zu
stellen, als ihm antworten zu müssen.*
Ingrid Bergman

16

MAI

17 *Sonderbar bleibt, dass ein Mann,
der sich um nichts auf der Welt Sorgen
machen muss, hingeht und heiratet.*
Fritz Reuter

∾

18 *Wissen Sie, was tragisch ist? Einen Mann
aus Liebe heiraten und dann herausfinden,
dass er kein Geld hat.*
Mena Suvari

∾

19 *Eine Ehe besteht aus einem Herrn,
einer Herrin und zwei Sklaven,
also insgesamt zwei Personen.*
Ambrose Bierce

∾

20 *Eine Frau heiratet in der Erwartung,
der Mann werde sich ändern.
Ein Mann heiratet in der Erwartung,
die Frau werde so bleiben. Beide irren.*
Paula Modersohn-Becker

MAI

Mit einer Frau kommt Wärme ins Haus. Der weibliche Körper hat eine Durchschnittstemperatur von knapp 37 °C. Das spart Heizkosten.
George Burns

21

∞

Die meisten Ehemänner sind der beste Beweis dafür, dass Frauen Humor haben.
Donna Leon

22

∞

Jeder verheiratete Mann sollte seine Fehler vergessen. Es bringt nichts, wenn sich zwei Leute ständig an dasselbe erinnern.
Jay Leno

23

∞

Vermutlich stimmt es, dass Töchter einen Mann heiraten, der ihrem Vater ähnelt. Warum sonst weinen so viele Mütter in der Kirche?
Birgit Nilsson

24

MAI

25 *Eine Ehefrau unterstützt uns in Krisen, in die wir ohne sie gar nicht geraten wären.*
Danny DeVito

∾

26 *Es gibt zwei Phasen im Leben, in denen die Männer uns nicht verstehen können. Vor der Heirat. Und nach der Heirat.*
Katherine Mansfield

∾

27 *Mit der Heirat erhofft man sich Ruhe an der Privatfront, und dann ist plötzlich eine Frau im Haus.*
Raymond Chandler

∾

28 *Ehen werden im Himmel geschlossen und in der Hölle gelebt.*
Maria Callas

MAI

Irren mag männlich sein, aber wer Katastrophen erleben will, braucht eine Frau.
Curd Jürgens

29

∾

*Der Ehstand hält für dich bereit
ein kurzes Glück und langes Leid.*
Schlesisch

30

∾

Was bedeutet es, wenn du nach Hause kommst zu einem Mann, der dir Liebe, Zuwendung und Zärtlichkeit gibt? Es bedeutet, dass du dich in der Tür geirrt hast.
Bette Midler

31

Treue bedeutet nicht, immer dazubleiben,
sondern immer wiederzukommen.

JUNI

1

*Ich wünsche dir, dass du den
Richtigen findest! Und bis dahin
viel Spaß mit den Falschen!*
Joan Crawford

∾

2

*Wer die Menschheit liebt,
ist bei seiner Frau entschuldigt.*
Fidel Castro

∾

3

*Männer sind für mich wie Luft –
verdorben, aber unentbehrlich.*
Michelle Pfeiffer

∾

4

*Frauen lieben die Besiegten,
aber sie betrügen sie mit den Siegern.*
Henri Toulouse-Lautrec

JUNI

*Jede Frau wäre gern treu.
Es ist nur schwierig, einen Mann zu
finden, dem sie treu sein kann.*
Eartha Kitt

5

∞

*Wer sein Leben genießt, wird bald
von seiner Frau zur Rede gestellt.*
Henrik Ibsen

6

∞

Treue macht nur am Anfang Spaß.
Juliette Gréco

7

∞

*Jede Frau schließt von sich auf andere
und berücksichtigt nicht, dass es auch
Anständige gibt.*
Jürgen von der Lippe

8

JUNI

9 *Lieber einen Mann nach dem anderen als alle auf einmal.*
Janis Joplin

∾

10 *Hundert fremde Frauen sind einem Mann tausendmal mehr wert als eine eigene.*
August der Starke

∾

11 *Alle Männer sind auf der Suche nach der idealen Frau – vor allem nach der Hochzeit.*
Anna Magnani

∾

12 *Partnerschaft und Treue schließen einander aus.*
Charles Darwin

JUNI

Wenn eine Frau nicht da ist,
muss man damit rechnen,
dass sie jederzeit nach Hause kommt.
Quincy Jones

13

❧

Was soll ich mit einem Mann,
wenn ich mehrere habe?
Lisa Fitz

14

❧

Gute Regie ist besser als Treue.
Gottfried Benn

15

❧

Erstens sage deinem Mann, dass du
pro Woche einen Weiberabend brauchst.
Und zweitens, vergeude diesen Abend
keinesfalls mit Weibern.
Tina Turner

16

JUNI

17

Wer viele liebt zu gleicher Zeit,
bleibt stets lebendig und gescheit.
Eugenie Marlitt

18

Treue ist die Unfähigkeit,
Sehnsucht in Handlung umzusetzen.
Nicolas Vauquelin

19

Liebe vermehrt sich, wenn man sie
unter mehrere Männer aufteilt.
Jeanne Moreau

20

Inzwischen reicht mir beim Sex das Wissen,
ich muss es nicht auch noch anwenden.
Woody Allen

JUNI

Kann dein alter Mann nicht mehr,
kommt bald ein jüngerer daher.
Helen Vita

21

∾

Ich sage meiner Frau immer:
Du siehst nur mit dem Herzen gut.
Pierce Brosnan

22

∾

Für Männer bedeutet Treue nicht,
immer dazubleiben,
sondern immer wiederzukommen.
Evelyn Künneke

23

∾

Eine Frau verzeiht alles –
aber sie erinnert einen oft daran,
dass sie verziehen hat.
Michel Piccoli

24

JUNI

25 *Der Hund ist das Symbol der Treue,
aber wir halten ihn lieber an der Leine.*
Marie Tussaud

ᴄᴡ

26 *Es ist leichter ein Atom zu zertrümmern
als den Argwohn einer Frau.*
Albert Einstein

ᴄᴡ

27 *Männer betrachten die Ehe
als Ruhephase zwischen zwei Affären.*
Jerry Hall

ᴄᴡ

28 *Frauen, die anfangs leicht und einfach
erscheinen, schöpfen später am schnellsten
Verdacht.*
Norman Mailer

JUNI

Wer seinen Mann verurteilt,
irrt möglicherweise.
Wer ihm verzeiht, irrt auf jeden Fall.
Johanna Schopenhauer

29

Wer einen Sieg über sich selbst
errungen hat, ist stark.
Wer einen Sieg über sein Weib
errungen hat, lügt.
Li Tai Po

30

*Männer, die behaupten,
sie seien die Herren im Haus,
lügen auch bei anderer Gelegenheit.*

JULI

1

*Man muss die Männer nehmen,
wie sie sind.
Aber man darf sie nicht so lassen.*
Elisabeth Sisi von Österreich

2

*Richtig verheiratet bist du erst,
wenn du jedes Wort verstehst,
das deine Frau nicht sagt.*
Paul Newman

3

*Nach drei Wochen beginnt die
Vertreibung aus dem Paradies.*
Meret Oppenheim

4

*Frauen setzen alles daran,
einen Mann zu ändern,
und wenn sie ihn geändert haben,
wollen sie ihn los werden.*
Stephen King

JULI

Männer sind wie Autos.
Fabelhaft im ersten Jahr.
Nicole Kidman

5

∾

Männer haben öfter Recht, als sie selbst
glauben. Aber Frauen behalten Recht.
Robin Williams

6

∾

Eine Frau verabscheut Grobheiten.
Sie kastriert ihren Mann behutsam
durch Kritik.
Catherine Millet

7

∾

Wer mit einer Frau leben will,
muss vermeiden, ihr zuzuhören.
Billy Wilder

8

— JULI —

9
*Die eine wartet, dass ihr Mann sich wandelt,
die andere packt ihn an und handelt.*
Clara Westhoff

∞

10
*Frauen stellen Fragen, auf die es keine
richtige Antwort gibt. Während wir noch
grübeln, beginnen sie zu herrschen.*
Henning Mankell

∞

11
*Ein Mann erwartet von einer Frau,
dass sie perfekt ist. Und dass sie es
liebenswert findet, wenn er es nicht ist.*
Catherine Zeta-Jones

∞

12
*Ein Mann sollte mit einer Frau immer so
lange sprechen, bis sie mit sich reden lässt.*
Gotthilf Fischer

JULI

Eine gute Ehefrau vergibt ihrem Mann,
wenn sie sich geirrt hat.
Christiane Hörbiger

13

❧

Der Beweis der Männlichkeit liegt nicht
im Gewinnen des Ehekampfes, sondern im
Ertragen der Niederlage.
Friedrich Dürrenmatt

14

❧

Wenn ein Mann brüllt, ist er dynamisch.
Wenn eine Frau brüllt, ist sie hysterisch.
Hildegard Knef

15

❧

Frauen können sehr scharfsinnig werden,
wenn sie Unrecht haben.
Artur Rubinstein

16

— JULI —

17
*Männer, die behaupten,
sie seien die Herren im Haus,
lügen auch bei anderer Gelegenheit.*
Marguerite Duras

∾

18
*Wenn eine Frau nicht spricht,
soll man sie auf keinen Fall unterbrechen.*
Clint Eastwood

∾

19
*Ein Mann steht meist über den Dingen.
Nur weiß keiner, über welchen.*
Cameron Diaz

∾

20
*Frauen wissen immer das,
was Männer nicht wissen wollen.*
Paul Scheerbarth

JULI

Nur ein Mann beherrscht die Kunst,
die einfachsten Dinge auf die
komplizierteste Art zu erläutern.
Juliette Binoche

21

∾

Frauen geben gute Ratschläge,
besonders, wenn sie nicht gefragt werden.
Che Guevara

22

∾

Um sich für geistreich zu halten, umgibt
ein Mann sich gern mit Dummköpfen.
Romy Schneider

23

∾

Keine Frau will die Wahrheit hören,
aber jede will sie gerne aussprechen.
August Strindberg

24

JULI

25
*Gelobt der Mann, der nichts zu sagen hat
und diese Tatsache nicht durch viele Worte
beweist.*
Isabelle Adjani

26
*Die meisten Frauen halten leider
allen Stürmen stand.*
Seneca

27
*Das Wesentliche eines Mannes wird mit
den Jahren unsichtbar.*
Inge Meysel

28
*Wenn einst nach langen Jahren
mein Name wird genannt,
dann wird mein Ehweib sagen:
Den habe ich nie gekannt.*
Friedrich Theodor Vischer

JULI

*In einer Welt mit Frauenüberschuss
müssen die Männer recycled werden.*
Jane Fonda

29

∽

*Ich möchte so reich werden, dass noch der
zweite Ehemann meiner hinterbliebenen
Frau sorgenfrei leben kann.*
Joe Esterhaz

30

∽

*Männer sind wie Wein. Sie kommen in
Trauben, man muss sie einstampfen und
im Dunkeln verschließen, damit sie zu
etwas reifen, das man beim Essen ganz
gern dabei hat.*
Britney Spears

31

*Das Vergnügen beim Zeugen eines Kindes
verflüchtigt sich bei seiner Erziehung.*

AUGUST

1
*Was hilft aller Sonnenaufgang,
wenn meine Frau nicht aufstehen mag.*
Walt Whitman

∽

2
*Das Einzige deiner Kinder, das nie
erwachsen wird, ist dein Ehemann.*
Demi Moore

∽

3
*Die größte Ehre, die das Weib hat,
ist, dass Männer durch sie geboren werden.*
Martin Luther

∽

4
*Der einzige Unterschied zwischen einem
Kind und einem Mann ist der Preis für
das Spielzeug.*
Emmilou Harris

AUGUST

*Mit Erziehung versuchen Frauen
auszugleichen, was wir ihren Kindern
vererbt haben.*
Paul Auster

5

❧

*Jede Frau möchte irgendwann ein Kind
haben. Und muss dann feststellen, dass sie
eins geheiratet hat.*
Simone de Beauvoir

6

❧

*Kinder sind in einer Ehe wie die Fliegen
in einer Suppe.*
Robert Crumb

7

❧

*Das Vergnügen beim Zeugen eines Kindes
verflüchtigt sich bei seiner Erziehung.*
Anaïs Nin

8

AUGUST

9

Die Männer sind heute nicht schlechter als früher. Die Frauen reden nur offener über sie.
Claudia Cardinale

10

Dass der Klügere nachgibt, begründet die Weltherrschaft der Frauen.
Erich Mühsam

11

Spielregeln sind älter als alle Gesetze der Welt. Denn das Spiel ist das Einzige, was Männer wirklich ernst nehmen.
Monica Bellucci

12

Frauen verstehen nie, warum Männer Spielzeug lieben. Aber Männer würden kein Spielzeug brauchen, wenn Frauen einen On/Off-Schalter hätten.
Eddie Irvine

AUGUST

*Nur eine Frau, die keinen Mann hat,
wird nicht versuchen, ihn zu beherrschen.*
Immanuel Kant

13

∾

*Es ist besser, die Schwächen eines
Mannes zu nutzen, als gegen seine
Stärken zu kämpfen.*
Ruth Rendell

14

∾

*Junggeselle? Tut mir Leid, wir stellen
nur Leute ein, die es gewohnt sind, sich
unterzuordnen.*
Lee Iacocca

15

∾

*Die volle Gleichberechtigung der Frau
wäre ein entsetzlicher Rückschritt.*
Anita Ekberg

16

AUGUST

17 *Lache nie über die Dummheit eines Weibes. Sie ist deine einzige Chance.*
Edgar Allan Poe

∽

18 *Kritisiere keinen Mann, der dich dazu ermuntert.*
Katja Riemann

∽

19 *Wenn es nicht gerade Valentinstag ist und ich sehe einen Freund im Blumenladen, frage ich: Mann, was hast du getan?*
Robbie Williams

∽

20 *Männer sind selten so jung, wie sie sich fühlen, und niemals so bedeutend.*
Brigitte Mira

AUGUST

Der Mann, der gibt, das Weib, das nimmt,
so hat der Herrgott es bestimmt.
Aus dem Allgäu

21

Männer wollen nicht die große Freiheit.
Sie wollen viele kleine Freiheiten.
Erika Mann

22

Damit dir eine Frau den Stiefel in den
Nacken setzen kann, musst du einen
Kniefall machen.
Roald Dahl

23

Männer haben nur eine Angst:
die Angst, kein Mann zu sein.
Liv Tyler

24

AUGUST

25
Im Alkohol müssen weibliche Hormone sein. Man redet wirr und kommt nicht mehr in die Parklücke.
Craig David

26
Eine Frau, die glücklich ist, braucht nicht auch noch ihren Mann glücklich zu machen.
Liselotte von der Pfalz

27
Eine Frau sucht immer dann Rat bei Männern, wenn sie die einzige Lösung kennt, aber nichts davon wissen will.
Robbie Coltrane

28
Männer, die ein gutes Herz haben, haben meist nur schwache Nerven.
Katherine Hepburn

AUGUST

*Siebzig Prozent der deutschen Frauen
lieben Männer mit Humor. Das ist die
alte Regel: Gegensätze ziehen sich an!*
Harald Schmidt

29

∾

*Wer sich nicht vor seiner Frau fürchtet,
hat keine.*
Goldie Hawn

30

∾

*Männer wollen nichts als guten Sex,
gutes Essen und in Ruhe gelassen werden.*
Alfred Hitchcock

31

*Einer der Gründe für die vielen Scheidungen
muss sein, dass die Männer erst schwören,
sie würden sterben für ihre Frau,
und sich dann nicht daran halten.*

SEPTEMBER

1
*Durch Unglück lernten wir uns kennen.
Was für ein Glück, sich jetzt zu trennen!*
Aus Thüringen

∾

2
*Wenn zwei Partner dasselbe denken, ist
einer von ihnen überflüssig.*
Winston Churchill

∾

3
*Wenn zwei Liebende sich einig sind,
brauchen sie eine Schwiegermutter.*
Oprah Winfrey

∾

4
*Das Talent einer Frau, eine Ehe zu stiften,
wird nur durch ihr Talent übertroffen, sie
wieder zu zerstören.*
Oskar Maria Graf

SEPTEMBER

Anfangs bewundert man die Stärken eines Mannes. Zu spät merkt man, dass auch sie nur Schwächen sind.
Herzogin Anna Amalie

5

∞

Ein Gentleman beschimpft niemals seine Frau, wenn Damen anwesend sind.
Alec Guinness

6

∞

Eine Frau, die Recht behalten will, ist bald allein. Besonders, wenn sie wirklich Recht hat.
Brigitte Bardot

7

∞

Lügen glaubt jede Frau. Das Schwierige ist, ihr die Wahrheit begreiflich zu machen.
Arthur Schnitzler

8

— SEPTEMBER —

9 *Ein Mann ahnt vielleicht, wie spät es ist,
aber wie spät es wirklich ist, merkt er nie.*
Doris Dörrie

∾

10 *Wenn eine Frau einen Mann aus dem
Haus werfen will, wird sie noch einmal
für kurze Zeit interessant.*
Gerhart Hauptmann

∾

11 *Bei einer Trennung gibt jeder Ehemann
zu, dass beide die Schuld tragen. Sowohl
die Ehefrau als auch die Schwiegermutter.*
Meg Ryan

∾

12 *Frauen lassen auf zu große Zuneigung
hundertfache Abneigung folgen.*
Jim Morrison

SEPTEMBER

13

Es gibt nur etwas, das teurer ist als eine Frau – nämlich eine Exfrau.
Jack Nicholson

∾

14

Aus einer schlechten Verbindung kann man sich schwerer lösen als aus einer guten.
Whitney Houston

∾

15

Bei unserer Scheidung haben wir uns das Haus geteilt. Sie bekam das Drinnen, ich das Draußen.
Willie Nelson

∾

16

Einer der Gründe für die vielen Scheidungen muss sein, dass die Männer erst schwören, sie würden sterben für ihre Frau, und sich dann nicht daran halten.
Marlene Dietrich

SEPTEMBER

17 *Das hat der Herrgott nicht gewollt,
dass Weib und Mann sich verstehen sollt.*
Aus Schlesien

∞

18 *Die meisten Ehen dauern länger als beide
Weltkriege zusammen.*
Karlheinz Deschner

∞

19 *Eine Frau muss sich beizeiten überlegen,
wie sie zur seligen Witwe werden kann.*
Ingrid Noll

∞

20 *Nicht der Mann ist glücklich, der eine
Frau hat, sondern der, welcher keine
braucht.*
Diogenes

SEPTEMBER

So wie es keine zwei gleichen Kuhfladen gibt, gibt es auch keine zwei gleichen Männer.
Johanna Spyri

21

∞

Was die Männer über Frauen sagen, ist nichts gegen das, was Frauen über Männer sagen.
Häuptling Papalagi

22

∞

*Wenn deinem Mann ein Unglück widerfährt, tröste ihn.
Ihm hilft der Trost nicht, aber dir.*
Joan Baez

23

∞

Bosheit ist des Weibes Natur.
Leo Strauss

24

SEPTEMBER

25 *Wer den Problemen seines Mannes kein Gehör schenkt, hat sicher Besseres zu tun.*
Benoîte Groult

∾

26 *Mut haben heißt Nein sagen zur eigenen Frau.*
John Updike

∾

27 *Es erleichtert das Leben, wenn man es den Männern schwer macht.*
Laetitia Casta

∾

28 *Freiheit ist, oh Weib, wo du nicht bist.*
Karl Marx

SEPTEMBER

Männer und Frauen passen einfach nicht zusammen.
Vicco von Bülow

29

∞

Adam und Eva hatten die perfekte Ehe. Er musste sich von ihr nicht anhören, um wie viel besser alle anderen Männer zum Heiraten gewesen wären. Und sie musste sich nicht anhören, um wie viel besser seine Mutter kochte.
Emmanuelle Béart

30

*Wenn man einen Mann zu einer Arbeit
bewegen will, muss man ihn nur fragen,
ob er vielleicht zu alt dazu ist.*

OKTOBER

1

*Solange die Frauen die Welt beherrschen,
wird alles so bleiben, wie es ist.*
Harvey Keitel

2

*Ob Frauen so intelligent sind wie Männer,
weiß ich nicht. Aber so dumm sind sie
ganz bestimmt nicht.*
Katharina von Medici

3

*Frauen haben heute mehr Rechte. Mehr
Macht hatten sie früher.*
Charles Aznavour

4

*Falls Sie etwas erklärt haben möchten,
fragen Sie einen Mann.
Falls Sie etwas erledigt haben möchten,
fragen Sie eine Frau.*
Priscilla Presley

OKTOBER

Frauen sind rationeller als Männer. Sie würden niemals eine neue Lüge erfinden, wenn die alte noch etwas taugt.
Lionel Richie

5

∿

Wenn Männer nur dann redeten, wenn sie etwas zu sagen haben, würden sie den Gebrauch der Sprache verlieren.
Lore Lorentz

6

∿

Emanzipierte Frauen interessieren mich nur als Experimentiermäuse.
Peter Zadek

7

∿

Nichts macht so viel Arbeit, wie einen Mann zum Arbeiten zu bringen.
Marianne Hoppe

8

OKTOBER

9

Männer fragen Kinder immer, was sie später werden wollen, weil sie selbst nach Ideen suchen.
Susan Sarandon

10

Wegen der Lachgrübchen einer Frau werden ganze Konzerne zu Grunde gerichtet.
Andrew Carnegie

11

Das ist der ganze Jammer: Die dummen Männer sind so sicher und die intelligenten so voller Zweifel.
Hillary Clinton

12

Sicher verdanken einige Männer ihren Erfolg ihren Frauen. Aber die meisten verdanken ihre Frauen dem Erfolg.
Michael Flatley

OKTOBER

Eine Ehefrau sollte niemals etwas tun, was auch ihr Mann erledigen kann.
Maria Theresia

13

∽

Jede Frau ist gut, nur nicht überall und nicht für immer, und leider nie für einen Mann.
Gary Larson

14

∽

Eine Frau kann jederzeit hundert Männer täuschen, aber nicht eine einzige Frau.
Anna Kurnikowa

15

∽

Schwer zu glauben, dass jede Frau einen Mann zum Vater hat.
Eugène Ionesco

16

OKTOBER

17
Männer erreichen ihre größte Effizienz beim Tun von Dingen, die überhaupt nicht getan werden müssen.
Brooke Shields

18
Frauen wissen selten, was sie wollen, aber sie sind immer fest entschlossen, es zu bekommen.
Peter Ustinov

19
Wenn ein Mann zurückweicht, weicht er zurück. Eine Frau weicht nur zurück, um besser Anlauf nehmen zu können.
Franka Potente

20
Der Mut islamischer Kämpfer erklärt sich daraus, dass ein Mann, der mehrere Frauen hat, dem Tod furchtlos ins Antlitz sieht.
Karl Dall

OKTOBER

Jede Frau hat einen Vorsprung im Leben, weil sie da anpackt, wo ein Mann erst einmal redet.
Margaret Thatcher

21

∾

Ein magisches Gesetz bewirkt, dass der Erfolg immer zuerst den Mann beglückt, den deine Frau beinahe geheiratet hätte.
Michael Ovitz

22

∾

Eine Frau, die so gut sein will wie ein Mann, hat keinen Ehrgeiz.
Michelle Rodriguez

23

∾

Frauen als Priester? Das wäre ja Pizza und Cola statt Brot und Wein!
Kardinal Giacomo Biffi

24

OKTOBER

25

Wenn man einen Mann zu einer Arbeit bewegen will, muss man ihn nur fragen, ob er vielleicht zu alt dazu ist.
Cindy Crawford

26

Aus purer Verzweiflung brillieren verheiratete Männer in Kunst und Wissenschaft.
Quentin Tarantino

27

Eine emanzipierte Frau ist eine, die vor der Ehe Sex und danach einen Beruf hat.
Gloria Steinem

28

Da nun auch total unfähige Frauen in verantwortliche Positionen aufrücken, dürfen wir die Emanzipation als vollendet ansehen.
Francis Ford Coppola

OKTOBER

Ein Mann am Steuer eines Autos ist ein
Pfau, der sein Rad in der Hand hält.
Martha Grimes

29

∾

Frauen fahren langsamer, weil ihnen
der männliche Fluchtinstinkt fehlt.
Juan Manuel Fangio

30

∾

Männer sind so einfach. Man muss ihnen
nur ein Telefon mit vielen Knöpfen geben.
Schon fühlen sie sich bedeutend.
Elfriede Jelinek

31

Es kann hart sein, die Frau zu verlieren.
Und manchmal ist es fast unmöglich.

NOVEMBER

1
*Jeder Augenblick ist unendlich wertvoll,
wenn dein Mann auf Reisen ist.*
Margaret Mitchell

∽

2
*Wer seiner Frau ein Haus baut, darf die
Falltür nicht vergessen.*
Antonio Gaudí

∽

3
*Es ist immer wieder erschütternd,
welche Greise sich für attraktiv halten.*
Jennifer Lopez

∽

4
*Einem alternden Mann wird es oft
verdacht, wenn er sich um junge
Frauenzimmer bemüht. Es ist jedoch das
einzige Mittel, sich zu verjüngen.*
Johann Wolfgang von Goethe

NOVEMBER

5

Kannst du dir eine Welt ohne Männer vorstellen? Sie bestünde aus lauter dicken, glücklichen Frauen.
Whoopie Goldberg

∞

6

Hunde, Katzen, Kinder und Frauen über dreißig sind uns in Hollywood unwillkommen.
Samuel Goldwyn

∞

7

Die Männer sind nicht immer, was sie scheinen, allerdings selten etwas Besseres.
Queen Victoria

∞

8

Das breithüftige und kurzbeinige Geschlecht das schöne zu nennen, konnte nur der vom Geschlechtstrieb umnebelte männliche Intellekt fertig bringen.
Arthur Schopenhauer

NOVEMBER

9 *Heißa, jauchzet Sauerbrot,
heißa, meine Frau ist tot!*
Wilhelm Busch

∞

10 *Es gehört viel Mut und Kraft dazu, einen
Mann von sich abhängig zu machen, doch
es zahlt sich fast immer aus.*
Katharina die Große

∞

11 *Wenn wir wüssten, wie kurz das Leben
ist, würden wir es nicht mit einer Frau
verbringen*
Fürst Pückler

∞

12 *Ein Mann, solang er jung ist,
braust wie frischer Wein.
Je mehr er aber altert,
je schaler wird er sein.*
Aus der Pfalz

NOVEMBER

Eine Frau ist eine Frau. Aber eine gute Zigarre ist ein Hochgenuss.
Elvis Costello

13

∽

Ich verlasse mich darauf, dass Gott nicht die Gedanken von Frauen lesen kann.
Giulietta Masina

14

∽

Für einen Mann zählt das Erreichte, einer Frau reicht das Erzählte.
Karl Kraus

15

∽

Was einer Frau Vergnügen macht, geht ihren alten Mann nichts an.
Marianne Faithful

16

NOVEMBER

17 *Bleibe bei der Schale einer Frau so lange wie möglich, denn der Kern ist bitter.*
Meng-tzu

∞

18 *Mit einem Mann zu leben ist ein Job, und zwar der härteste im Leben.*
Rosamunde Pilcher

∞

19 *Vor der Wirklichkeit kann eine Frau mühelos die Augen verschließen, aber nicht vor der Erinnerung.*
Charles, Prince of Wales

∞

20 *Einen geschiedenen Mann zu heiraten spricht für ökologische Verantwortung.*
Sheryl Crow

NOVEMBER

Das Schicksal des Mannes ist nicht die Frau, sondern der Haarausfall.
Wladimir Iljitsch Lenin

21

∞

Luft und Licht schaden dem Mann, und Ruhe macht ihn krank.
Hildegard von Bingen

22

∞

Es kann hart sein, die Frau zu verlieren. Und manchmal ist es fast unmöglich.
Mel Brooks

23

∞

Nichts dauert ewig – nur meine Ehe.
Marie Antoinette

24

NOVEMBER

25 *Erst mit ihrem Ableben gibt dein Weib dich in jenen Zustand der Ruhe zurück, den du vor der Heirat kanntest.*
Epikur

∾

26 *Wer Freude haben will an der bunten Vielfalt der Schöpfung, muss an den Männern vorbeisehen.*
Gertrude Stein

∾

27 *Wer ein böses Weib gefunden, wird nach ihr'm Tode erst gesunden.*
Aus Graubünden

∾

28 *Sieh, dein Alter seufzt im Traum, vollende seine Ruh! Er atmet ja noch kaum, den Rest besorge du.*
Hannah Höch

NOVEMBER

Jede Kunst besteht im Weglassen, und die Kunst der Ehe besteht im Weglassen des Partners.
Auguste Rodin

29

*Geht dein Mann von dieser Welt,
ist's, als ob ein Blatt vom Baume fällt;
die Vögel singen weiter.*
Aus Tirol

30

DEZEMBER

Weihnacht ist ein schönes Fest,
wenn man die Männer draußen lässt.

DEZEMBER

1
*Das Gute am Winter ist, dass keine
Männer mit kurzen Hosen rumlaufen.*
Martina Navratilova

∽

2
*Die dir im Mai ward angetraut,
gibt dir im Winter Sauerkraut.*
Neidhart von Reuenthal

∽

3
*Wenn Gott die Männer misst, legt er das
Maßband nicht um den Kopf.*
Lola Montez

∽

4
*Frauen teilt man in zwei Gruppen:
in solche, die gut gekleidet sind,
und in solche, bei denen es gut ist,
dass sie gekleidet sind.*
Dennis Hopper

DEZEMBER

*Wer Wärme sucht in Mannesarmen,
wird sich erkälten und verarmen.*
Sophie von La Roche

5

∽

*Im Alter bedauert man, nicht netter
zu den Frauen gewesen zu sein.*
James Brown

6

∽

*Eine Frau wird immer den Mann
verehren, der sie heiraten wollte. Ein
Mann immer die Frau, die ihn ablehnte.*
Zeruya Shalev

7

∽

*Sie ist ein gebildetes Mädchen,
denn sie hat volle Brüste.*
Heinrich Heine

8

DEZEMBER

9 *Liebe ist die Blume, die man pflückt, bevor man in den Abgrund stürzt.*
Stendhal

∾

10 *Ewige Liebe ist Ewigkeit in ihrer vergänglichsten Form.*
Meryl Streep

∾

11 *Wer in die Tiefe einer Frauenseele hinabtaucht, schafft es selten wieder nach oben.*
Knut Hamsun

∾

12 *Ein Mann sollte nie so wenig zu tun haben, dass er plötzlich Zeit zum Nachdenken hat.*
Ingrid Caven

DEZEMBER

Eine Beziehung wird vorwärts gelebt und rückwärts verstanden.
Kenneth Brannagh

13

ے

Bald nach der Eheschließung beginnt beim Mann der Winterschlaf.
Emma Thompson

14

ے

Ehemänner leben länger als Junggesellen. Das ist ihre Strafe.
Rowan Atkinson

15

ے

Männer sind Menschen, bei denen Pubertät und Midlife Crisis fließend ineinander übergehen.
Anke Engelke

16

DEZEMBER

17 *Nur der hat Glück bei Frauen,
den sie nicht beachten.*
Marcel Prevost

∾

18 *Erst seit ich liebe, weiß ich,
dass auch das nichts nützt.*
Iris Murdoch

∾

19 *Was, um Himmels willen, wollte Gott,
als er ihnen die Sprache schenkte?*
Gérard Depardieu

∾

20 *Männer beten am liebsten vor Altären,
auf denen Frauen geopfert werden.*
Elisabeth Badinter

DEZEMBER

Mir wird ganz elend, wenn ich sehe, wie meine Frau sich auf Weihnachten freut.
Heimito von Doderer

21

∞

Das Christkind und die Liebe sind das Einzige, was sich verflüchtigt, ehe man es richtig gesehen hat.
Camille Claudel

22

∞

Gott sieht alles, aber eine Frau sieht noch mehr.
Georg Kreisler

23

∞

*Weihnacht ist ein schönes Fest,
wenn man die Männer draußen lässt.*
Hedwig Courths-Mahler

24

DEZEMBER

25 *Weib, was willst du?*
Jesus von Nazareth

∞

26 *Männer, die nicht wissen, was eine Frau will, sind nur im Kloster richtig aufgehoben.*
George Sand

∞

27 *Viel ist schon gewonnen, wenn ein Mann aufsteht und rausgeht.*
Käthe Kollwitz

∞

28 *Im Leben einer Frau gibt es zwei Tragödien. Die eine ist die Nichterfüllung ihres Herzenswunsches. Die andere ist seine Erfüllung.*
Theodor Storm

DEZEMBER

Bei den Frauen gibt es nur zwei Möglichkeiten. Entweder sie sind Engel. Oder sie leben noch.
Anthony Hopkins

29

∞

Mit einem Mann ist es wie mit einem Hund: Man muss ihn so lange streicheln, bis Maulkorb und Leine fertig sind.
Eleonora Duse

30

∞

Nur zwei Dinge sind nötig, um eine Frau zufrieden zu stellen. Erstens muss man ihr den Glauben einflößen, alles geschehe nach ihrem Willen. Zweitens muss man tatsächlich alles nach ihrem Willen geschehen lassen.
John F. Kennedy

31

ALLES AUS REINER LIEBE

»Wenn eine Frau lange genug am Fluss sitzt«, lautet eine alte chinesische Weisheit, »wird sie irgendwann die Leiche ihres Mannes vorbeitreiben sehen.« Das ist ein tröstliches Wort. Es stimmt heiter. Wir dürfen uns vorstellen, dass die Frau beschaulich unter einer Weide sitzt und in vollkommenem Gleichmut aufs Wasser blickt, während ihr Ex flussabwärts gleitet. Vermutlich sieht sie ihm nicht einmal nach. Aber sie wird sich anschließend erheben, um die Witwenpension einzustreichen. Möge es ihr und ihresgleichen wohl ergehen.

Natürlich gibt es auch ein Gegenstück zu diesem Sprichwort. Eine alte japanische Weisheit lautet: »Wenn ein Mann lange genug angelt, wird er irgendwann den Kragen seiner Frau am Haken haben.« Und nicht nur den Kragen, bedeutet das, sondern die ganze Frau. Ob sie in rosiger Frische an Land gezogen wird, wissen wir nicht. Aber das ist eher unwahrscheinlich. Vermutlich wirft der Mann sie auch gleich zurück, um nach schmackhafterer Beute zu angeln.

Es ist schön, es ist erleichternd und erhebend, was Männer über Frauen und was Frauen über Männer gesagt haben. Es sind Zeugnisse unverwüstlicher Liebe zwischen den Geschlechtern. Vom englischen König Heinrich VIII. ist ein goldenes Wort überliefert. »Bosheit«, sprach er, »ist der direkteste Ausdruck von Liebe.« Zwar äußerte er das, kurz bevor er seine fünfte Frau köpfen ließ, doch das ändert wohl nichts an der tiefen Wahrheit seiner Einsicht.

Lieben Männer mehr und tiefer als Frauen? Gibt es demzufolge mehr Bosheiten von Männern über Frauen als umgekehrt? Ich glaube nicht. Zwar hat eine bedeutende Sprachforscherin dergleichen vermutet und zum Beweis mehrere Bücher geschrieben. Doch sie ging von gedruckten Bosheiten aus und ahnte in ihrer Arglosigkeit nicht, dass Frauen ihre Bosheit lieber direkt äußern. Weibliche Bosheit kommt live zum Vorschein, beim zweiten Glas Wein oder in einer Talkshow. Die von Natur ängstlicheren Männer nehmen lieber den Umweg über das schriftliche Wort oder das Internet.

Nein, die Liebe der beiden Geschlechter und also auch ihre Bosheit ist gleich stark. Ich habe mit den Recherchen zu diesem Buch begonnen, nachdem meine erste Beziehung in die Brüche gegangen war. In den Jahren meines Sammelns habe ich kein Übergewicht nach einer Seite feststellen können. Und wenn, dann am ehesten auf Seiten der Frauen: Am Ende sind sie doch, so schien mir, die boshafteren, weil ihnen mehr an der Liebe liegt, weil sie mehr vom Partner erwarten und also auch mehr zu kritisieren sehen.

Jedenfalls bereitete es mir nicht die mindeste Schwierigkeit, für unseren immerwährenden Kalender genauso viele Bosheiten von Frauen wie von Männern aufzutreiben. Schwierig war es zuweilen nur, ein Bonmot bis zu seinem Ursprung zurück zu verfolgen. Ein treffender Spruch wird oft wiederholt, und wer ihn gerade äußert, nimmt auch gern in Anspruch, ihn erfunden zu haben. So kommt es, dass ein genialer Scherz von Sean Connery oder Julia Roberts in Wahrheit von Oscar Wilde oder Agatha Christie stammt.

Etliche Sprüche haben mehrere Mütter oder Väter. Das liegt übrigens auch daran, dass die eigenen Gedanken nicht ganz so eigen und originell sind, wie sie uns immer vorkommen.

Bereits im ersten Buch, ›Böse Sprüche für jeden Tag‹, sind etliche Liebesbekenntnisse versammelt. Etwa »Mit der Ehe tauscht die Frau die Aufmerksamkeit vieler Männer gegen die Unaufmerksamkeit eines einzelnen« oder »Manche Männer, von denen man denkt, sie seien längst tot, sind bloß verheiratet« oder – nun schon fast chinesisch – »Witwenschaft ist meist die einzige Entschädigung, die eine Frau für die Ehe bekommt«.

Solche Freundlichkeiten aus dem ersten Buch brauchte ich in dieser Spruchsammlung nicht zu wiederholen. Denn die Auswahl an Bosheiten zwischen Männern und Frauen ist unendlich reich und vielfältig. Und die Zufuhr an frischen Frechheiten scheint unerschöpflich. Schön, dass die besten nun hier versammelt sind. Ob Frau oder Mann, wir brauchen solche Weisheiten, um die eigene Position in der Partnerschaft zu festigen oder ein fremdes Paar zu erschüttern oder um feingeistigen Schwärmern eins überzubraten. Das macht nicht nur Spaß. Es ist gesund. Es erfrischt die Leidenschaft. Es erneuert die Liebe. Und ich bin sicher, solange es solche Bosheiten gibt, wird die Liebe kein Ende nehmen.

Dietmar Bittrich

STICHWORTE

Sie müssen eine Rede zur Hochzeit halten? Wollen zu einer Trennung gratulieren? Eine letzte SMS schicken? Mit unserem Register finden Sie schnell die unpassenden Worte.

Alltag 4.1., 8.1., 13.2., 23.2., 22.3., 26.3., 2.4., 20.4., 8.7., 1.8., 31.8., 4.10., 13.10., 17.10., 25.10., 21.12.

Beichte 6.1., 15.1., 24.6., 29.6., 19.8., 14.11., 16.11.

Erwartungen 3.2., 4.2., 8.2., 28.2., 4.3., 25.3., 5.4., 5.5., 7.5., 18.5., 20.5., 26.8., 18.10., 12.11., 21.12., 25.12., 28.12.

Flirt 10.1., 3.3., 9.3., 21.3., 27.4., 10.10, 17.11., 11.12.

Gespräche 24.1., 26.1., 29.1., 19.–22.2., 25.2., 15.5., 6.7., 18.8., 25.9.

Hochzeit 13.1., 17.–23.1., 30.1., 9.2., 16.4., 11.5., 13.5., 2.11., 15.12.

Jahrestage 1.2., 2.2., 6.2., 7.2., 10.2., 11.3., 1.5., 30.5., 20.6., 27.7., 28.7., 18.9., 10.12., 13.12.

Krise 6.1., 9.1., 3.5., 25.5., 6.6., 28.6., 4.9., 8.9., 14.9., 17.9., 16.12.

Marotten 14.1., 31.1., 8.3., 10.3., 24.3., 29.3., 2.6., 11.7., 2.8., 20.9., 26.10., 13.11., 21.11.

Nachwuchs 3.–8.8., 9.10.

Niederlagen 1.1., 25.1., 24.2., 29.2., 6.3., 3.4., 9.4., 9.5., 14.7., 10.–12.8., 5.12.

Rache 17.3., 8.4., 17.4., 28.4., 18.5., 22.5., 29.5., 21.6., 19.7., 23.6., 26.7., 17.8., 20.8., 29.8., 6.9., 9.9., 19.9., 6.10., 28.10., 31.10., 3.11., 12.11., 25.–28.11., 4.12.

Sex 1.–4.4., 14.4., 9.6.

Trennung 3.1., 7.1., 16.1., 30.3., 4.7., 7.7., 21.8., 1.9.,
9.–11.9., 28.9., 23.11., 30.11., 26.12.

Untreue 12.1., 4.6., 5.6., 7.6., 10.–12.6., 15.–19.6., 22.8.,
29.11., 8.12.

Zusammenziehen 27.1., 12.2., 14.2., 6.4., 21.5., 27.5.,
13.6., 9.12.